ATLAS COMPLET

DU MANUEL

DE

L'ARCHITECTE DES MONUMENTS RELIGIEUX

OU

TRAITÉ D'APPLICATION PRATIQUE

DE

L'ARCHÉOLOGIE CHRÉTIENNE

A LA CONSTRUCTION, A L'ENTRETIEN, A LA RESTAURATION ET A LA DÉCORATION DES ÉGLISES.

Par J.-P. SCHMIT,

MAITRE DES REQUÊTES, ANCIEN CHEF DE DIVISION AU MINISTÈRE DES CULTES, ET INSPECTEUR DES MONUMENTS RELIGIEUX ;
ANCIEN DESSINATEUR DU CABINET DU ROI; MEMBRE DU COMITÉ HISTORIQUE DES ARTS
ET MONUMENTS, ET AUTRES SOCIÉTÉS ARCHÉOLOGIQUES.

1859

Pl. I. (1-50).

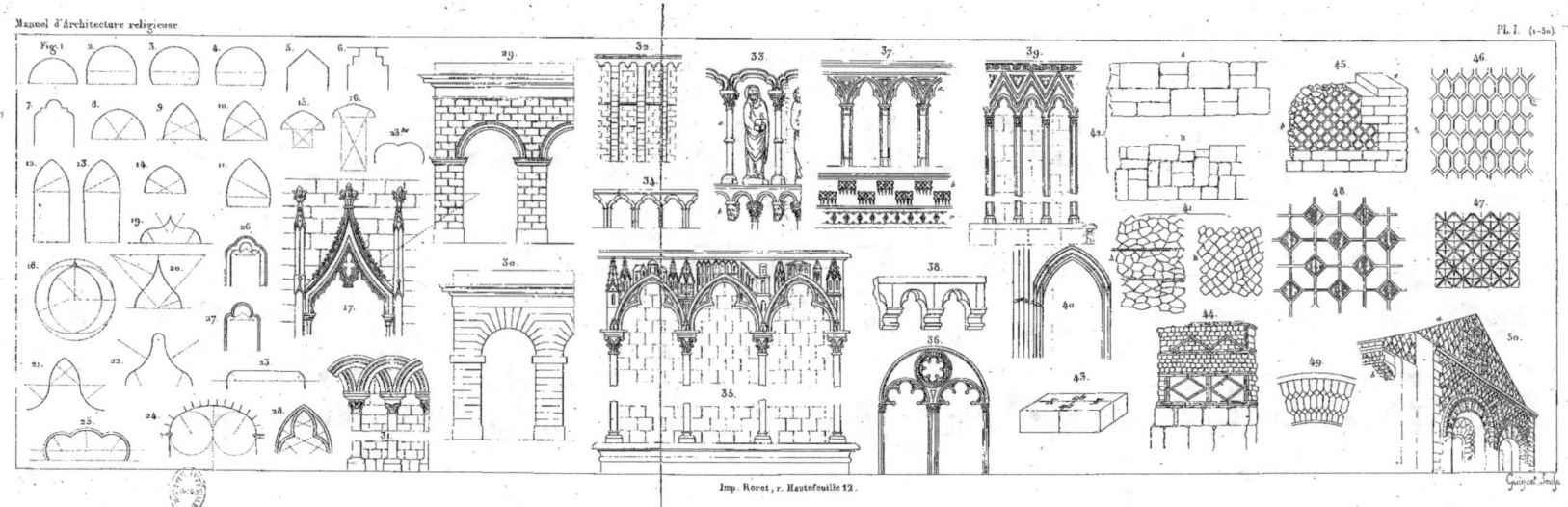

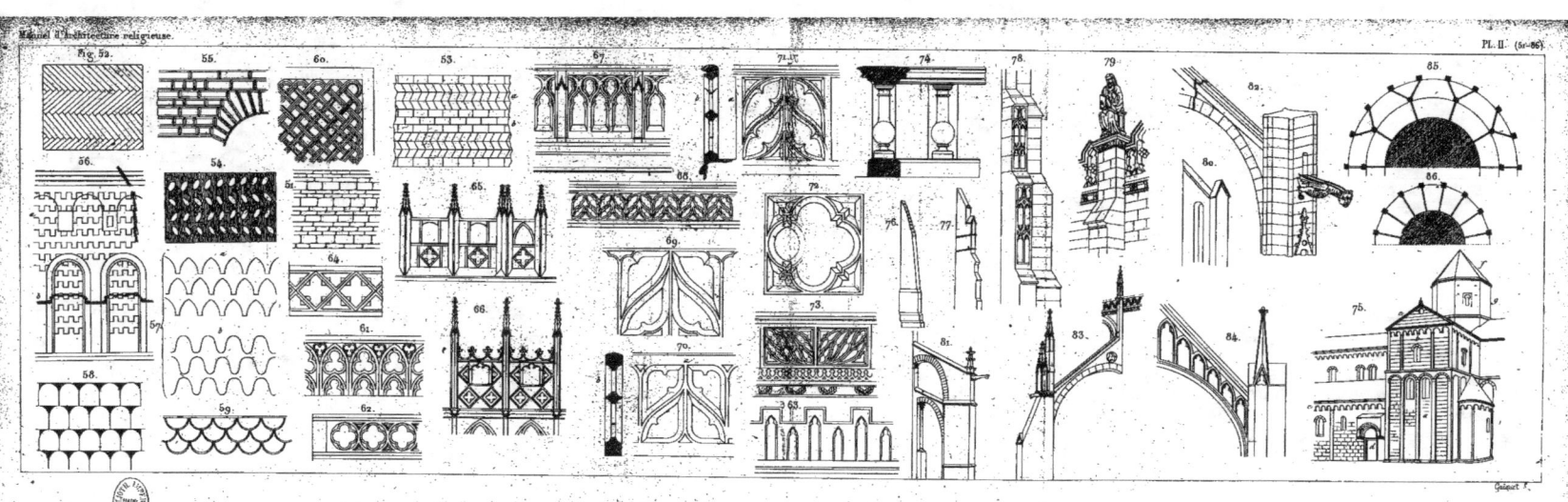

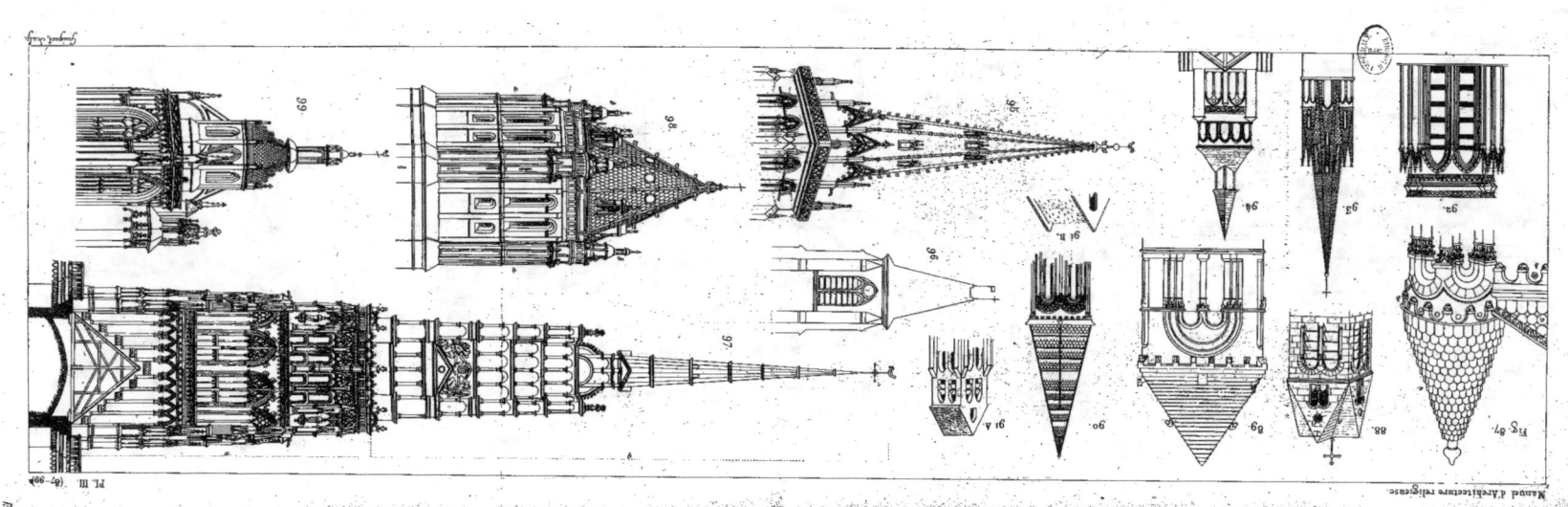

Pl. III. (67-99)

Fig. 87.

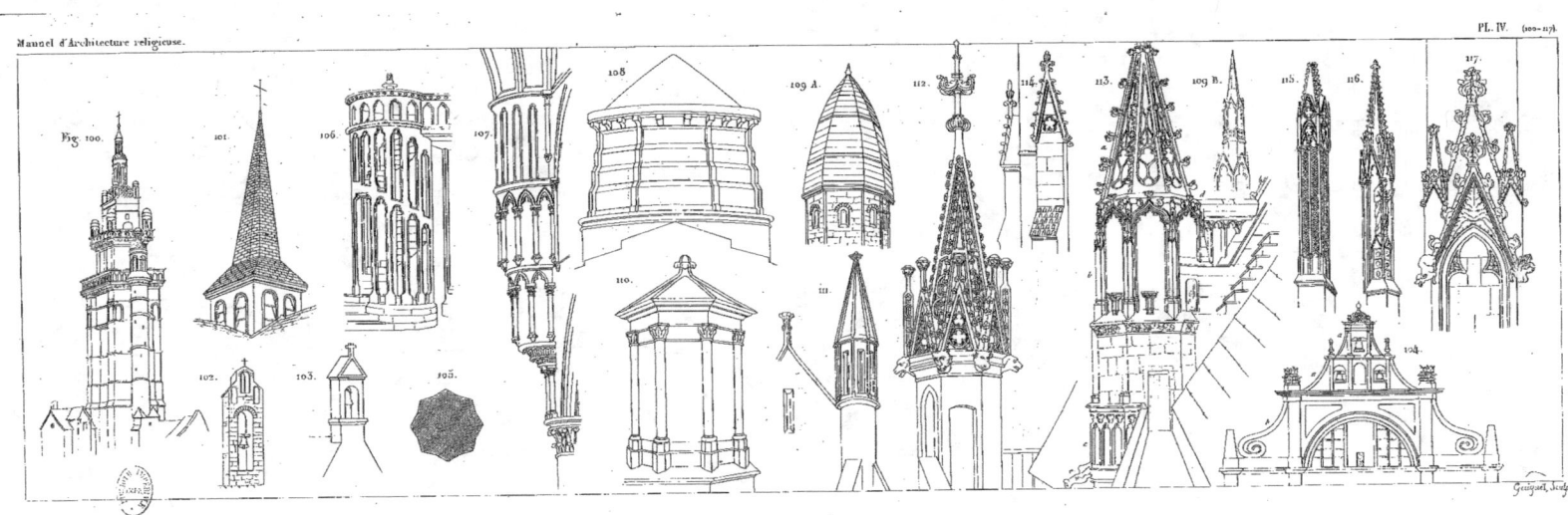

Fig. 100.   101.   106.   107.   108.   109 A.   112.   114.   113.   109 B.   115.   116.   117.

102.   103.   105.   110.   111.   104.

Geniquet Sculp.

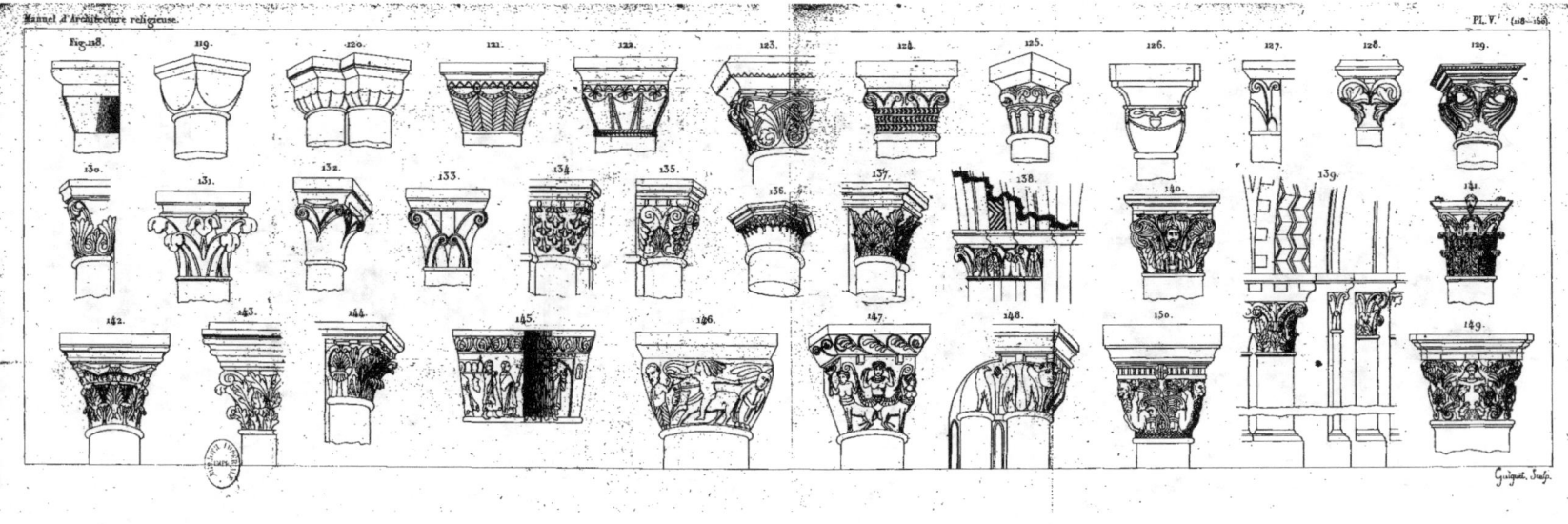

Guiguet, Sculp.

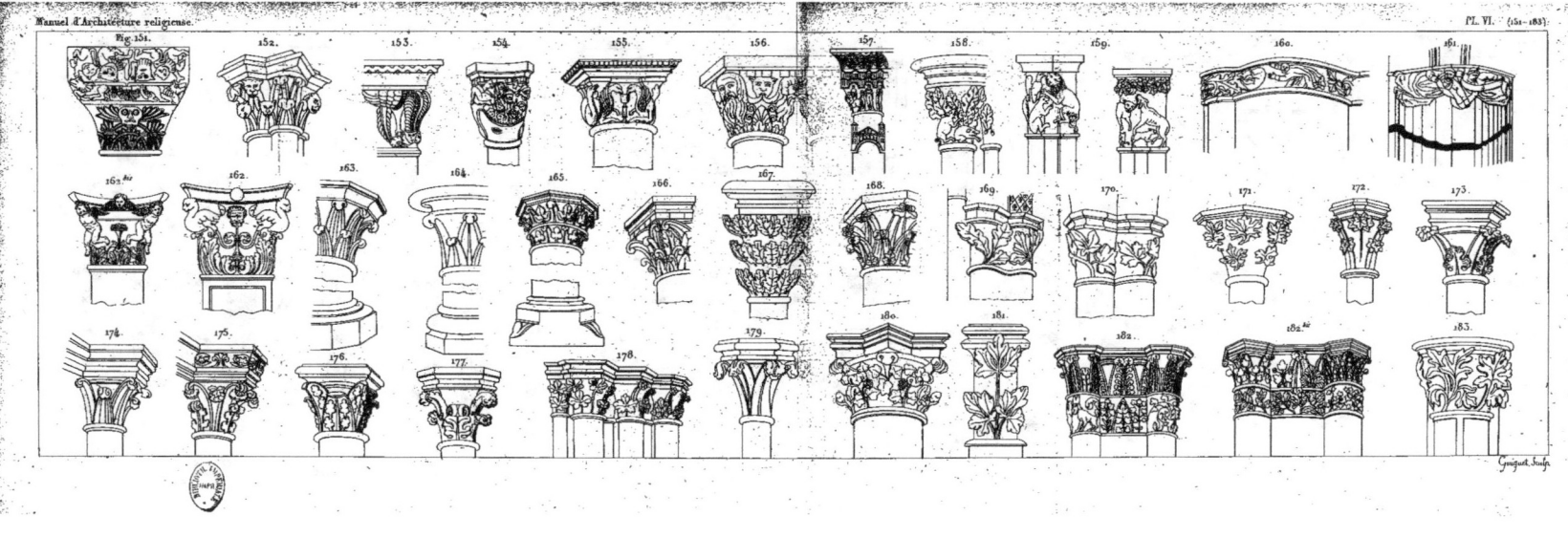

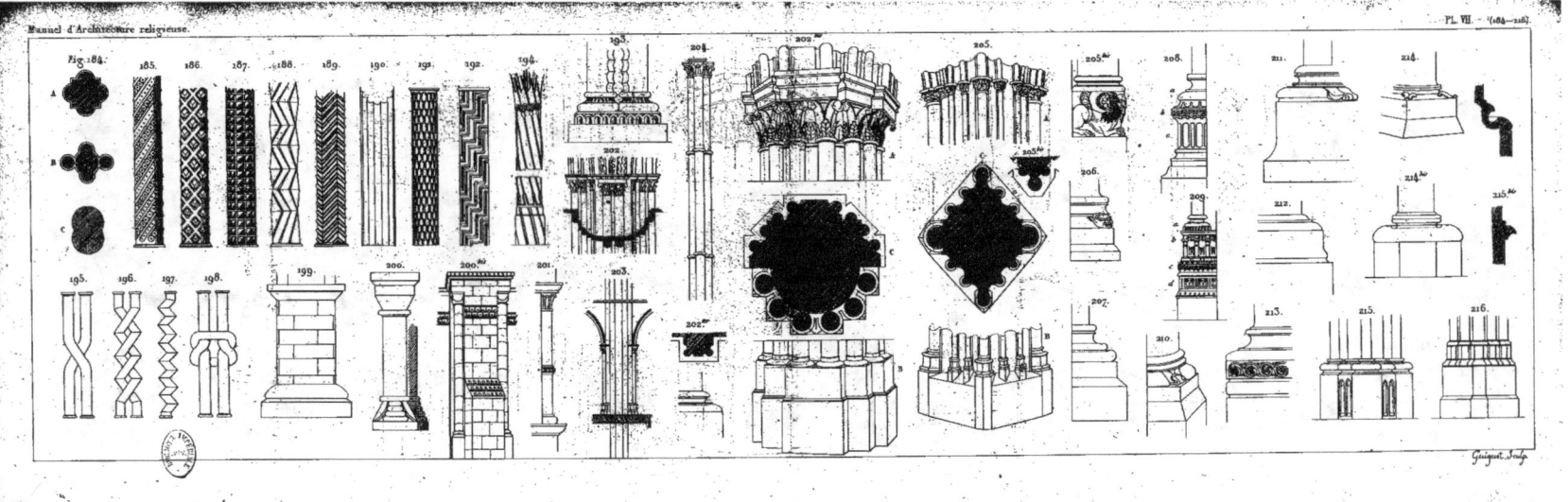

Pl. VIII. (217.—248.)

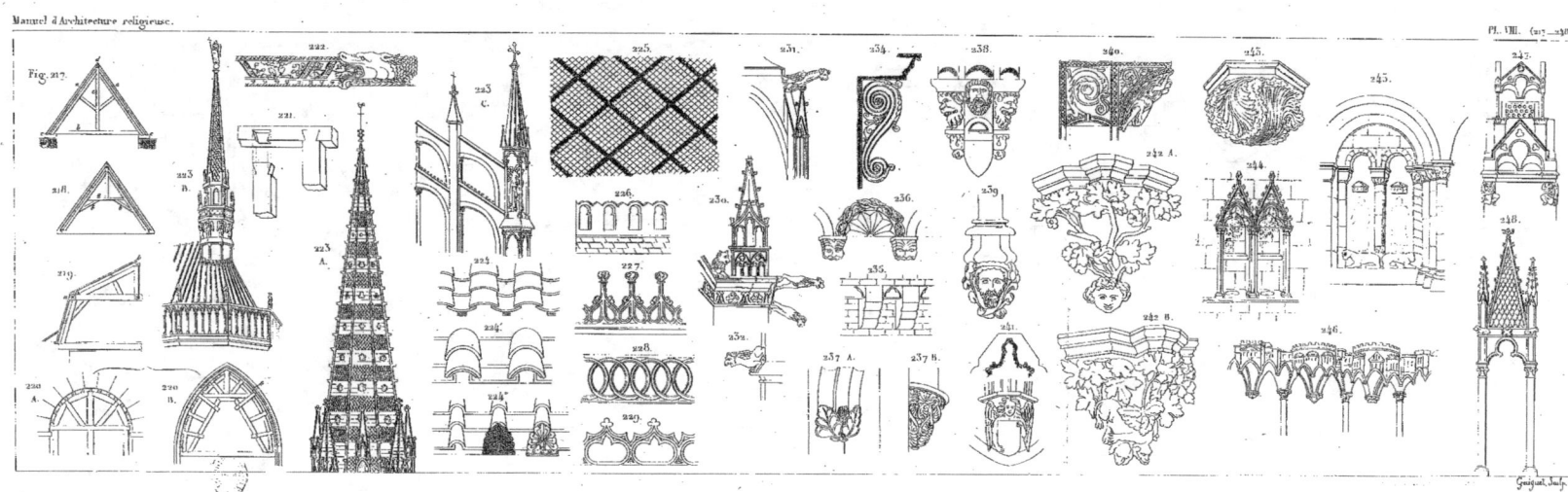

Gaignet Sculp.

Pl. IX. (269-283 bis)

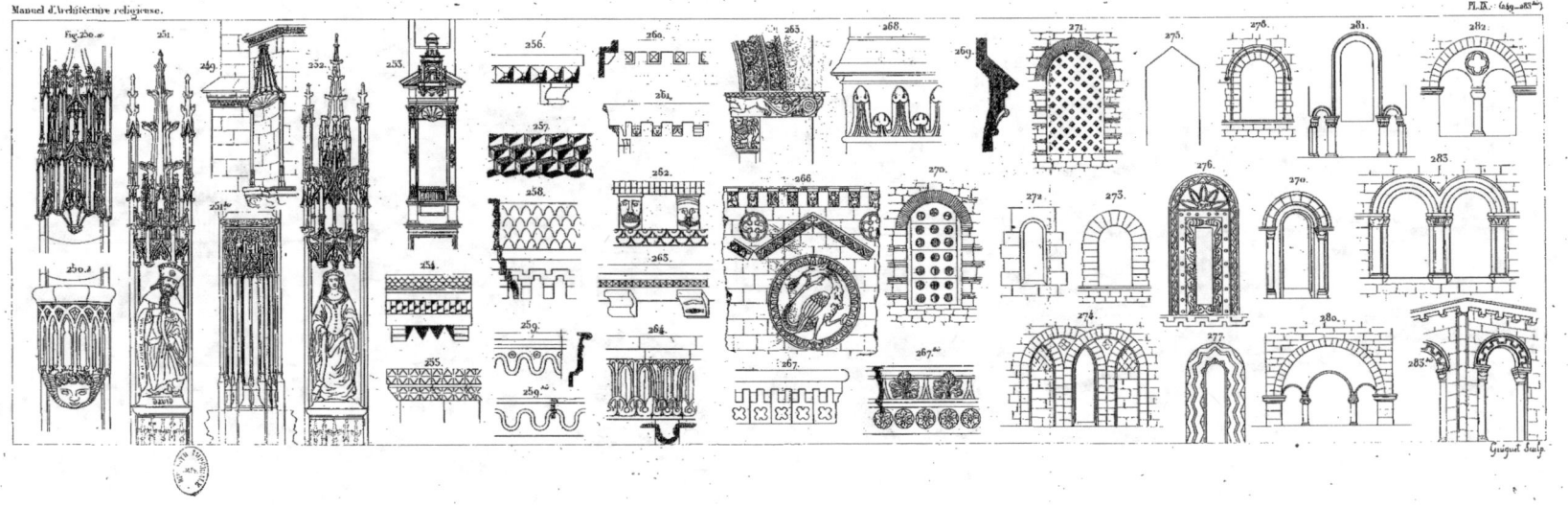

Pl. X. (284—303).

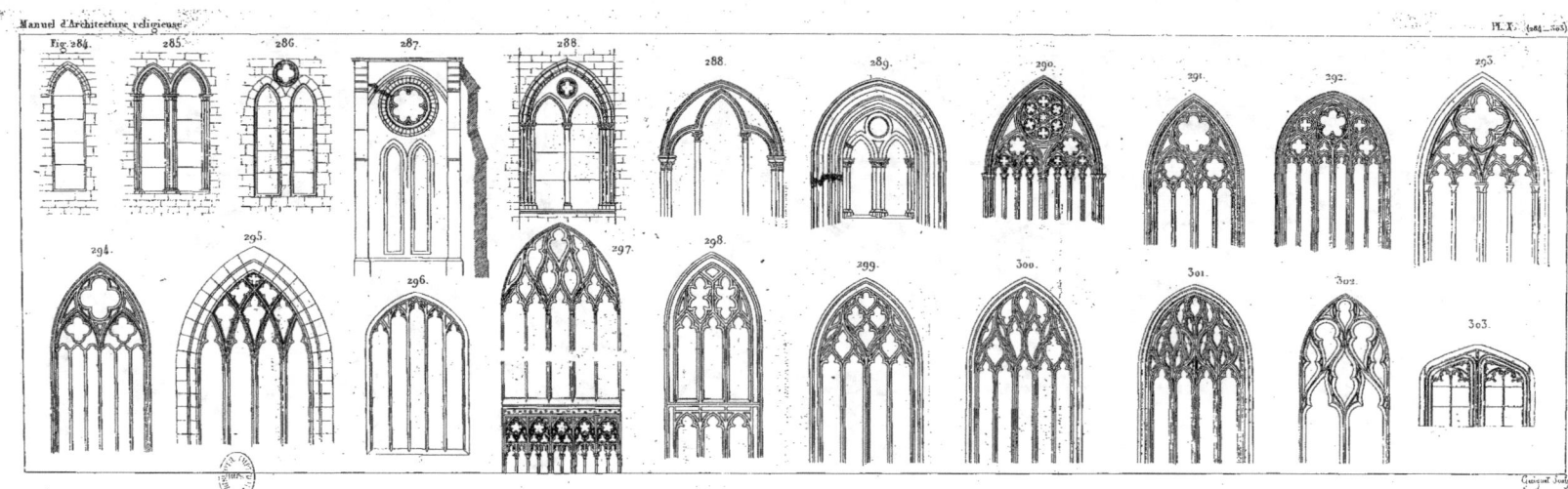

Fig. 284. 285. 286. 287. 288. 288. 289. 290. 291. 292. 293. 294. 295. 296. 297. 298. 299. 300. 301. 302. 303.

Guiguet Sculp.

Pl. XI. (3o4 à 3o9).

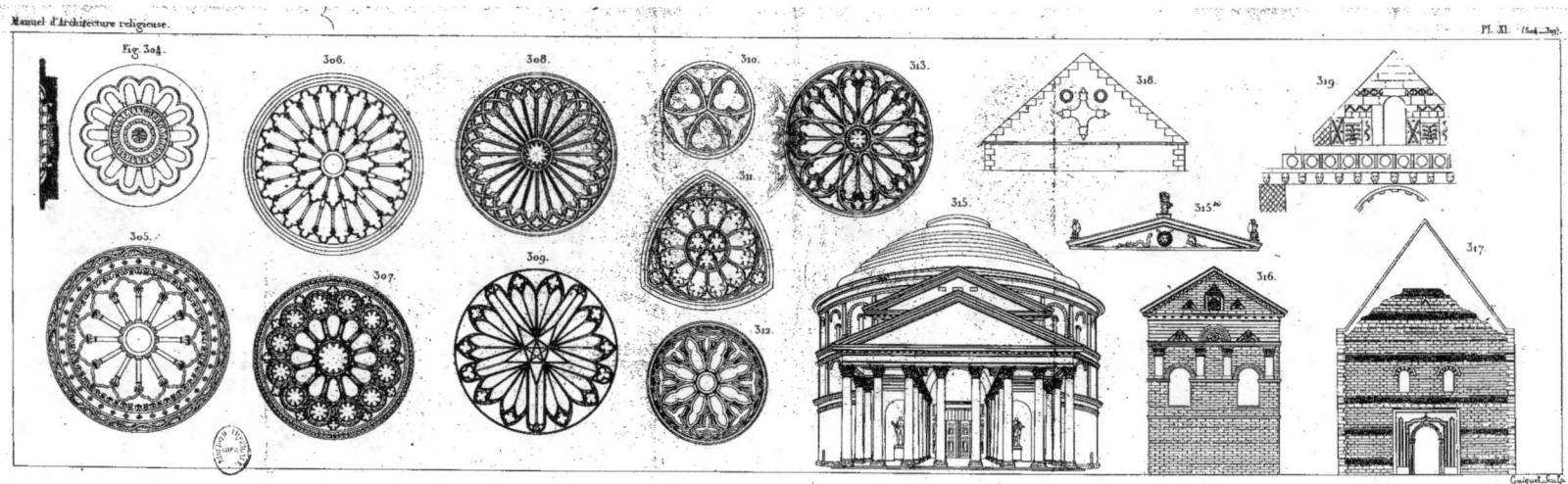

Fig. 3o4. 3o6. 3o8. 3io. 313. 318. 319.

3o5. 3o7. 3o9. 3ii. 315. 315.* 317.

3i2. 316.

Guiguet Sculp.

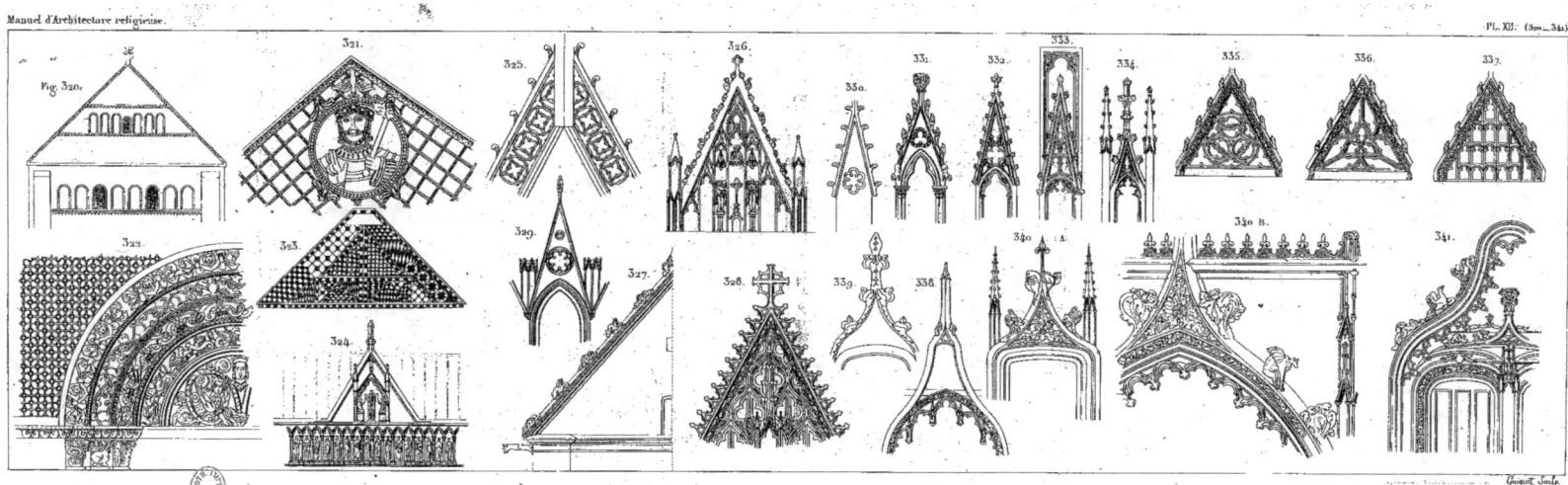

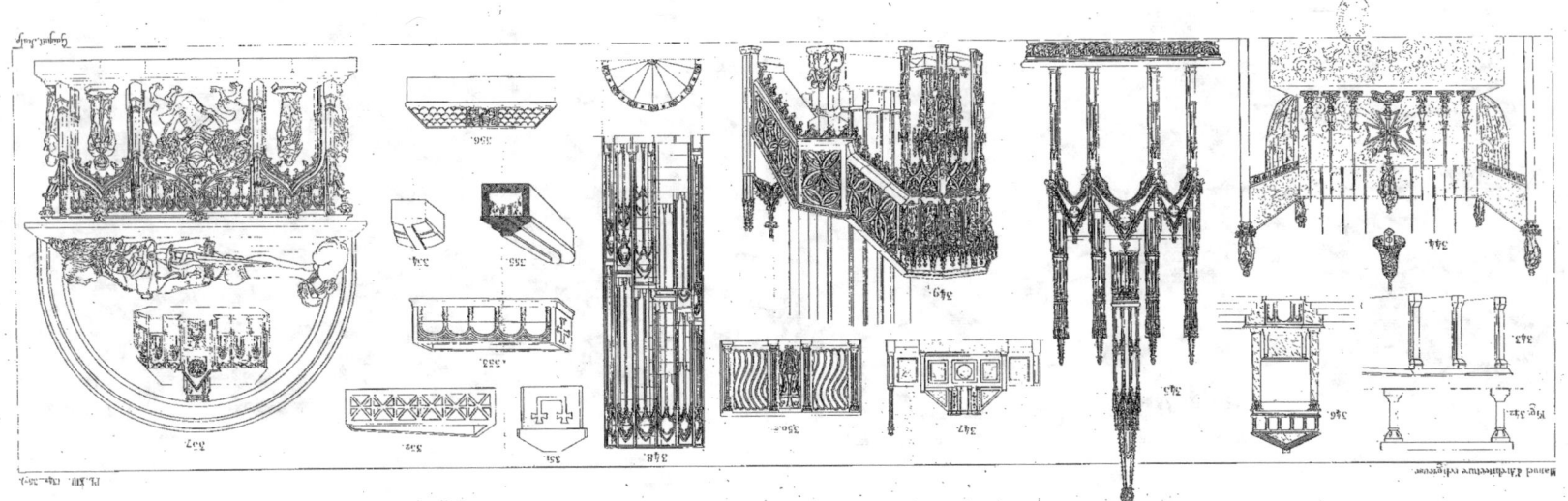

Pl. XIII. (Ch.—35.).

Manuel d'Architecture religieuse.

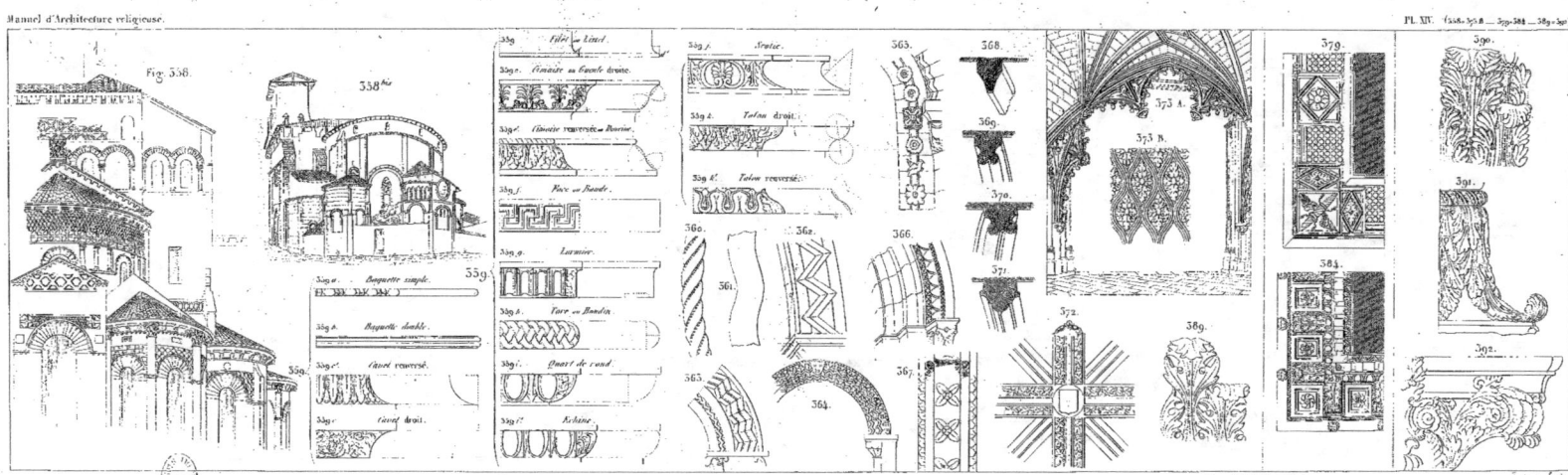

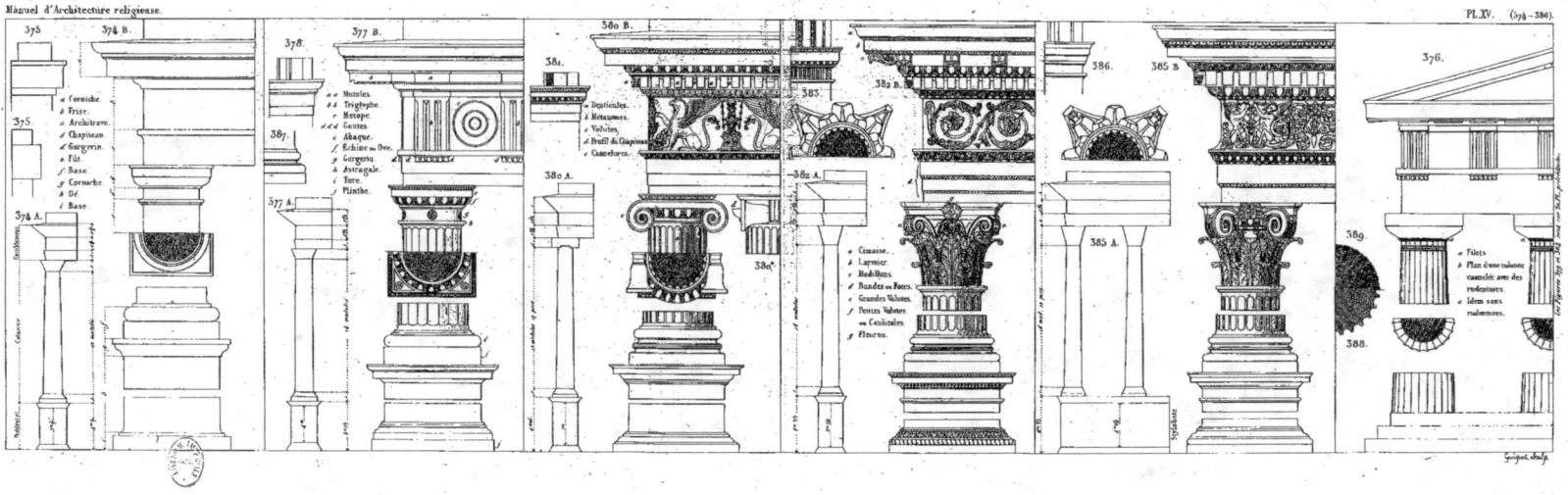

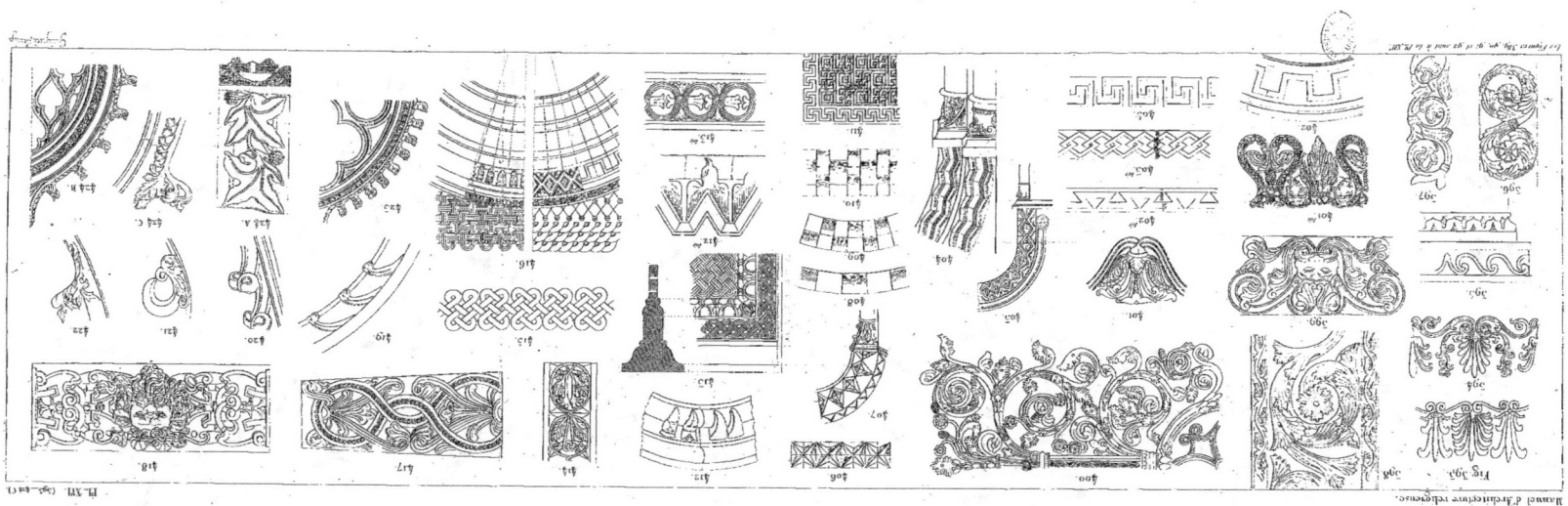

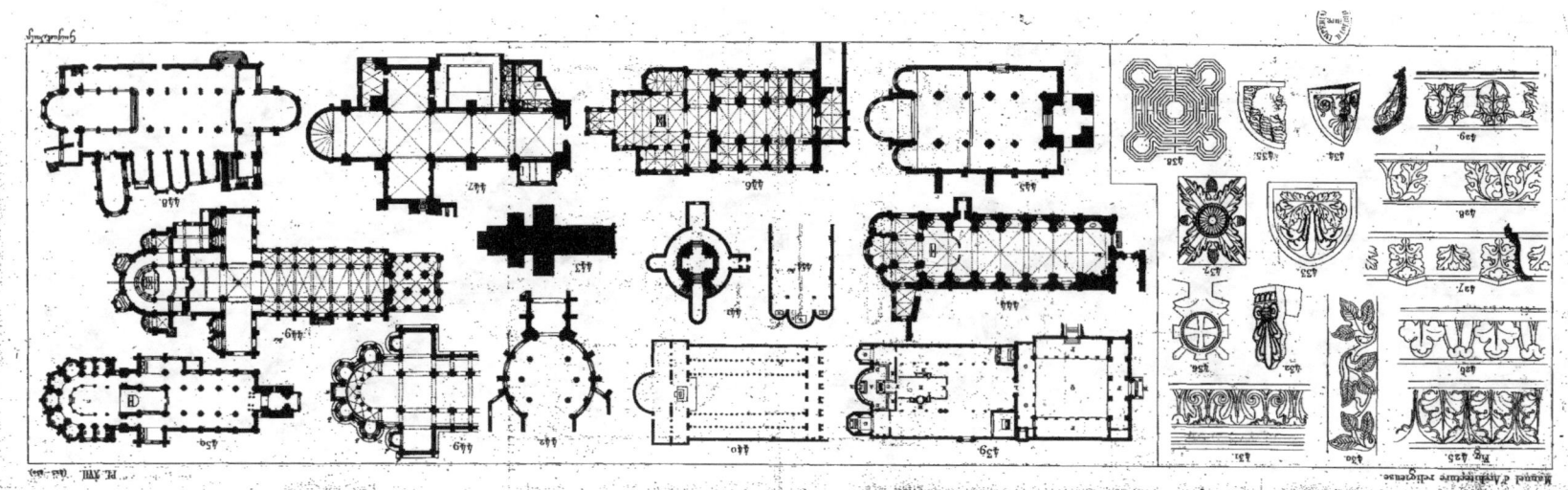

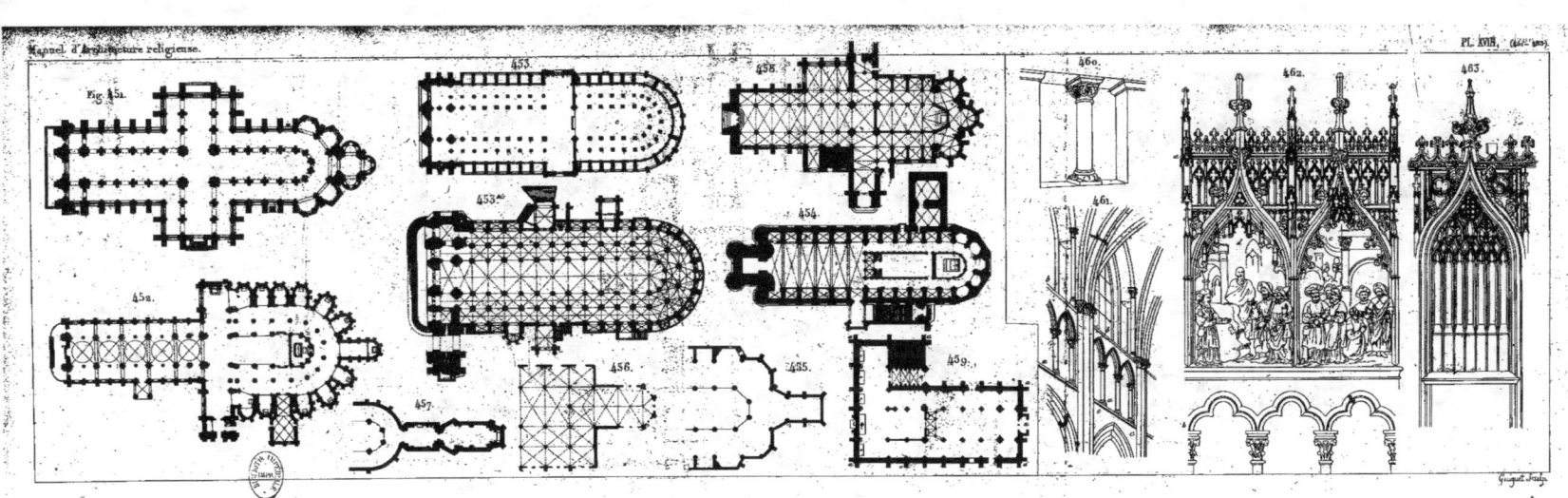

Fig. 451.

452.

453.

453 bis

454.

455.

456.

457.

458.

459.

460.

461.

462.

463.

Guiguet Sculp.

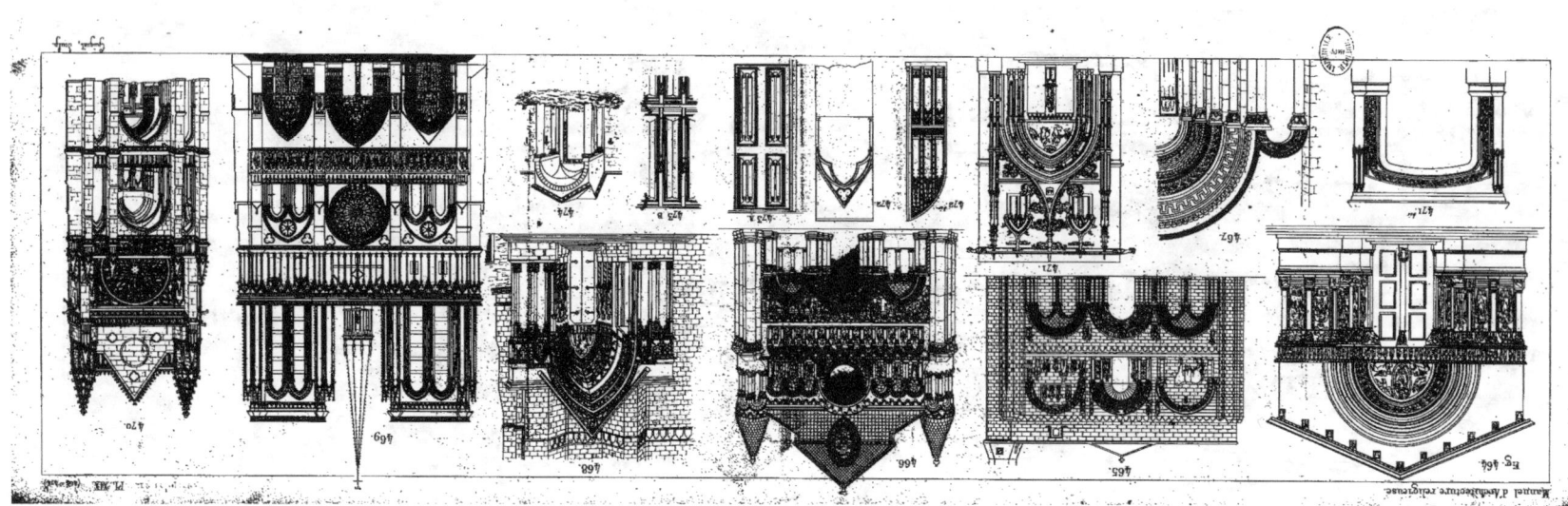

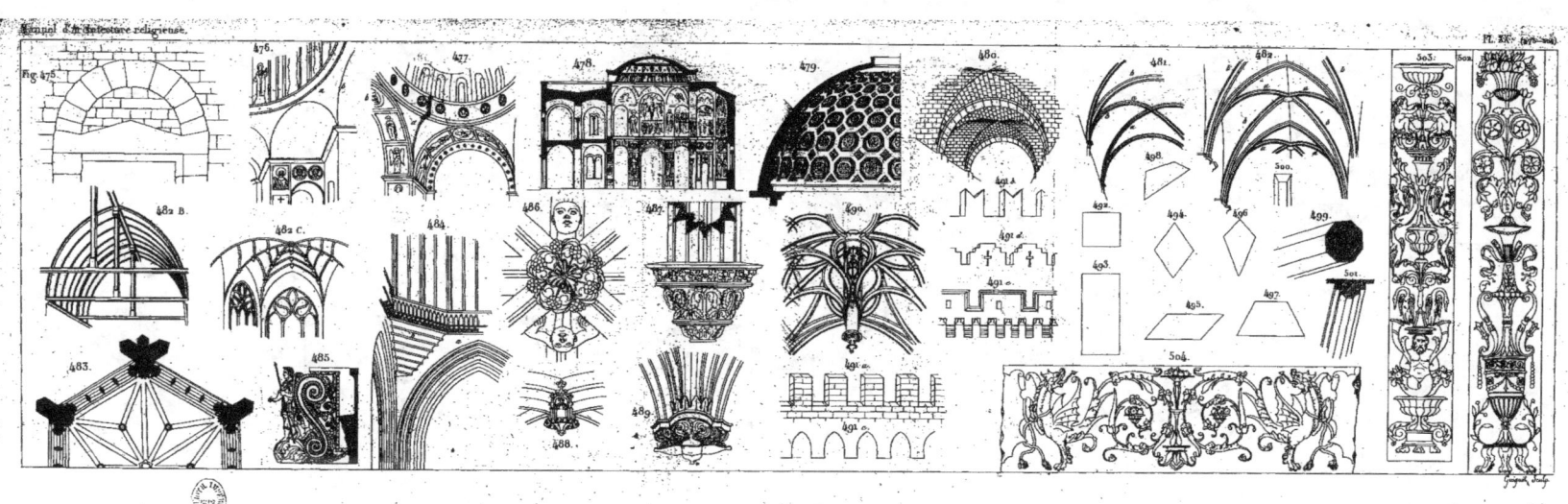

Pl. XXI. (505–524)

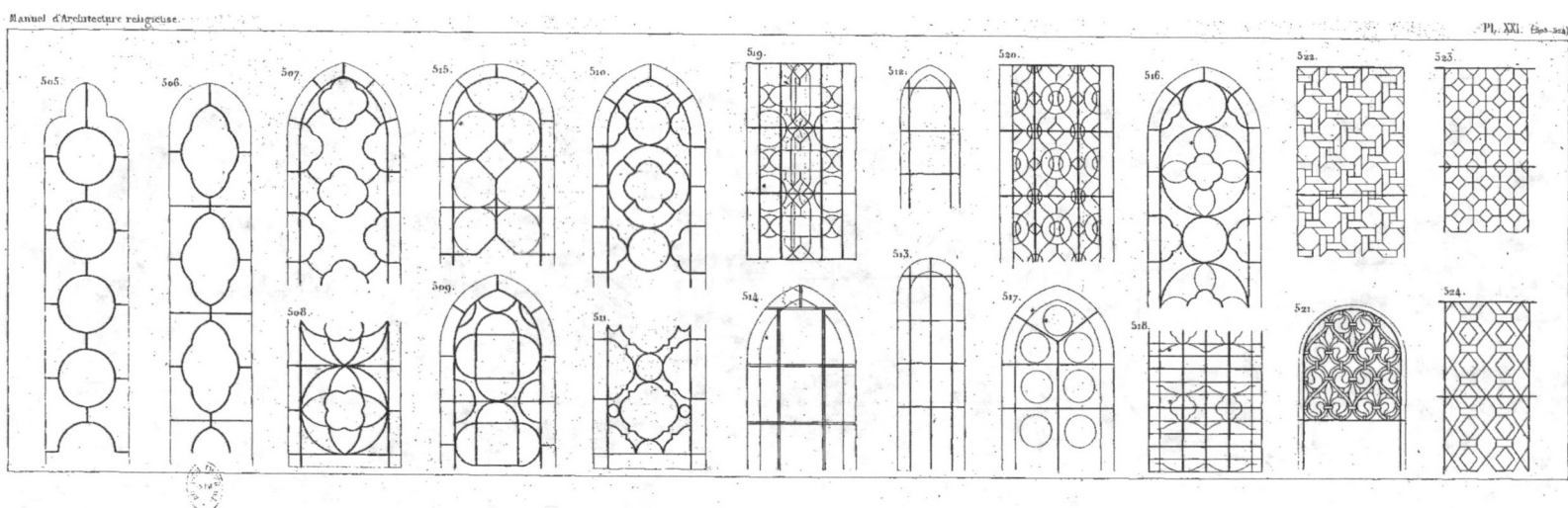

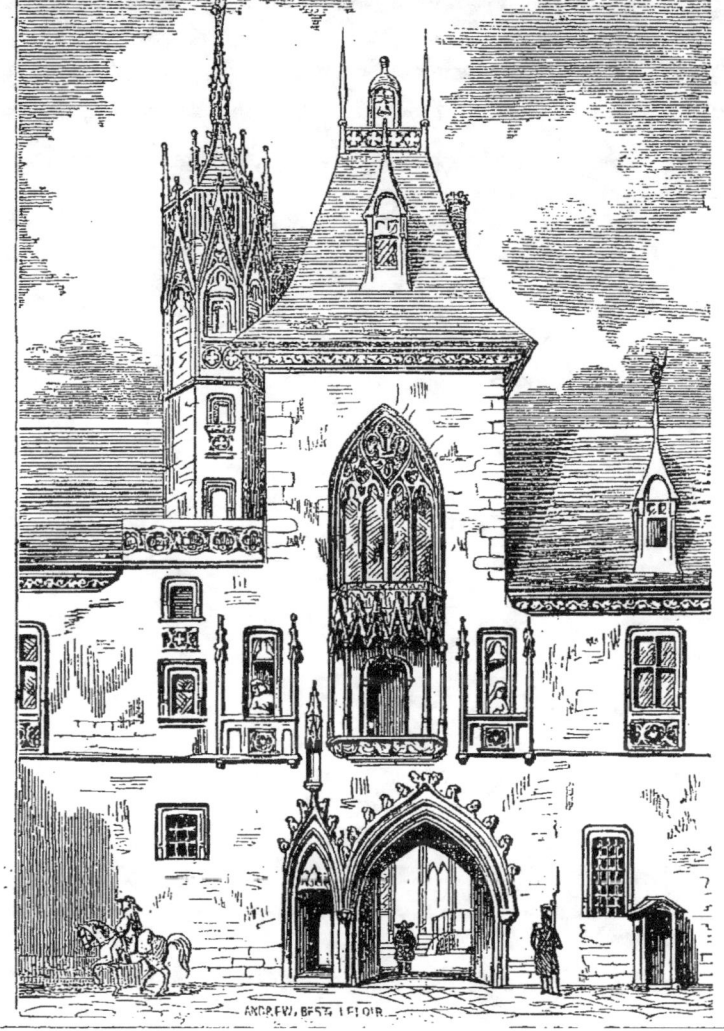

ANDREW, BEST, LELOIR

www.ingramcontent.com/pod-product-compliance
Lightning Source LLC
Chambersburg PA
CBHW030131230526
45469CB00005B/1909